¿Dónde está Venezuela?. Alvaro (Nacho) Palacios, Leonardo (Leo) Nieves

3era edición. Agosto 2018

©Alvaro Ignacio Palacios Arias
©Leonardo Roseliano Nieves Sillié
©Meollo Comics C.A
Av. Principal San Luis, Torre Mayupan, piso 10, ofc-10-1, urb. San Luis, Caracas
Teléfono: (58) 212-4902556
Email: info@meollocriollo.com

Corrección de textos: Natalia Rasquin.
Diseño y diagramación: Leo Nieves
Color en Ilustraciones: Leo Nieves, Daniel Bastidas, Giuliano Buffi.
Diseño de portada: Leo Nieves
Fondos: Giuliano Buffi

Impreso en Venezuela por Galcontgraf C.A.
ISBN: 978-980-7858-00-7
Depósito legal: MI2017000884

Todos los derechos reservados. Bajo las condiciones establecidas en las leyes, queda rigurosamente prohibida, sin autorización escrita de los titulares del copyright, la reproducción total o parcial de esta obra por cualquier medio o procedimiento, comprendidos la reprografía y el tratamiento informático.

En la casa de Papapa
es una tradición familiar,
que siempre los domingos
todos vengan a almorzar.

Después de la parrilla Alesia usaba la tableta cuando entró una llamada del otro lado del planeta.

Era su primo Jose que le quería mostrar como afuera de su casa había empezado a nevar.

Pero él con mucho frío los vio a todos en franela y preguntó confundido: "¿Dónde está Venezuela?".

Papapa emocionado
respondió con un grito:
"¡Vamos juntos a viajar
por un país bendito!".

Tenemos muchas playas,
demasiado divinas,
famosas en el mundo
por sus aguas cristalinas.

Tenemos unos médanos
con arena por montón,
y tirarse por sus dunas
¡es la mejor diversión!

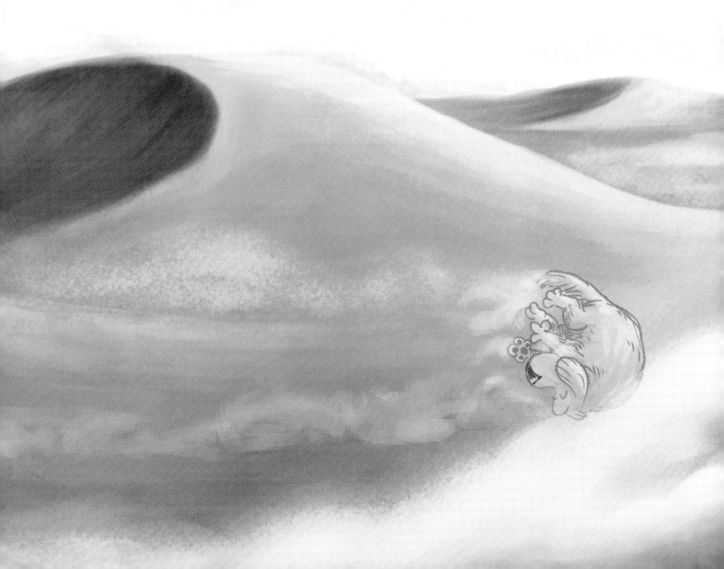

Tenemos un lugar conocido como el llano, por su inmensa sabana y su horizonte plano.

Tenemos una gran selva con ríos muy profundos, tepuyes y el salto de agua ¡más alto del mundo!

Tenemos unas montañas
con picos asombrosos,
y entre sus frailejones
se hacen paseos sabrosos.

Tenemos un valle mágico
que rodea una ciudad,
donde destaca un cerro
que es un lujo de verdad.

Pero más que un país de paisajes imponentes, Venezuela es única ¡por lo especial de su gente!

Gente que siente orgullo
por su tierra y su bandera,
y el país vive en nosotros
estemos adentro o afuera.

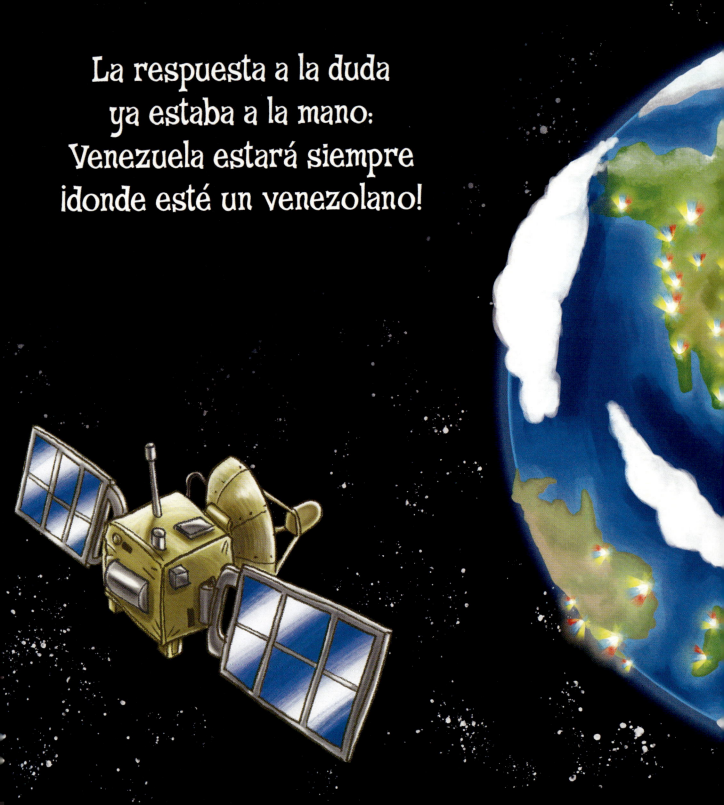

La respuesta a la duda
ya estaba a la mano:
Venezuela estará siempre
¡donde esté un venezolano!

Y mientras llega ese día
recordarán con emoción:
¿Dónde está Venezuela?
¡ESTÁ EN NUESTRO CORAZÓN!

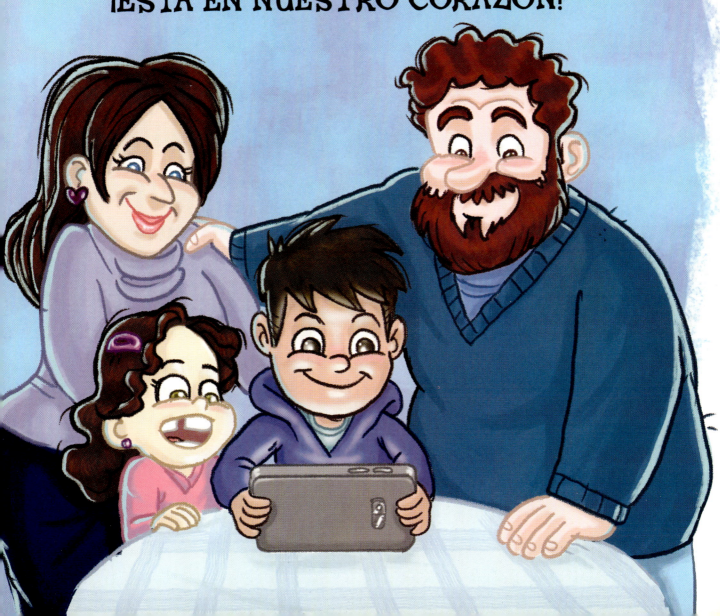

Dedicado a los que llevan a Venezuela en el corazón.

Nacho Palacios

Nació en Caracas, Venezuela, en 1976, y le gusta crear.
Se llama Álvaro Ignacio, pero todos lo conocen como Nacho.
Estudió Comunicación Social en la Universidad Católica Andrés Bello.
Es director creativo y guionista de cine, radio, televisión y de Meollo Criollo.
Se casó con Carla y desde entonces todos sus escritos son para ella.
Le encanta leer, sobre todo cuentos a sus hijos Alesia, Clarisa y Feliciano Ignacio.

Leo Nieves

Nació en Caracas, Venezuela, en 1974, Caroreño de crianza, y le gusta pintar.
Se llama Leonardo Roseliano, pero todos le dicen Leo.
Estudió Ilustración en el Instituto de Diseño de Caracas.
Es director de arte e ilustrador de televisión, publicidad y de Meollo Criollo.
Se casó con Sylvia y desde entonces todos sus dibujos son para ella.
Es fanático del cine y del fútbol, sobre todo de los goles de sus hijos,
José Leonardo y Andrés Enrique.

Agradecimientos

Queremos agradecer especialmente a todos las personas que nos inspiraron a hacer este libro y a las que nos acompañaron a lo largo de este viaje hasta descubrir "¿Dónde está Venezuela?".
Ellos son Carla Puma, Sylvia Gaviria, Aileen Palacios, José Miguel Palacios, Álvaro Palacios Ruiz, Giuliano Buffi, Daniel Bastidas, Alfonso Porras, Natalia Rasquin, Daniel Cadavieco, Paulina Pimentel, Edwar Galea, Víctor Escalona, Pablo Escalona, Alberto C. Vollmer, María Antonia Capiello y Andrés Chumaceiro.